arte é infância

Ívilis e a bolinha

VIVIAN CAROLINE LOPES

Coleção arte é infância

Pois arte é infância!
Arte é não saber que o
mundo já é e fazer um.
...ke
...ar
...os
quais vamos embora,
com amor.

Dados Internacionais de Catalogação na Publicação (CIP) de acordo com ISBD

L864t   Lopes, Vivian Caroline

Ívilis e a bolinha: uma viagem pela música popular brasileira /
Vivian Caroline lopes; ilustrado por Vivian Caroline Lopes. - Jandira,
SP: Ciranda na Escola, 2022.
32 p.: il.; 24,00 cm x 24,00 cm.

ISBN: 978-65-5384-009-6

1. Literatura infantil. 2. Educação. 3. Artes. 4. Pedagogia. 5.
Música. I. Título

2021-   CDD 028.5
0498   CDU 82-93

Elaborado por Lucio Feitosa - CRB-8/8803
Índice para catálogo sistemático:

1. Literatura infantil 028.5
2. Literatura infantil 82-93

Este livro foi impresso em fonte Joanna MT em abril de 2022.

Ciranda na Escola é um selo da Ciranda Cultural.

© 2022 Ciranda Cultural Editora e Distribuidora Ltda.
Texto e ilustrações © Vivian Caroline Fernandes Lopes
Copidesque: Érika Alves Finatti
Revisão: Isabel Fernandes
Produção: Ciranda Cultural

1ª Edição em 2022
www.cirandacultural.com.br
Todos os direitos reservados. Nenhuma parte desta publicação pode ser reproduzida, arquivada em sistema
de busca ou transmitida por qualquer meio, seja ele eletrônico, fotocópia, gravação ou outros, sem prévia
autorização do detentor dos direitos, e não pode circular encadernada ou encapada de maneira distinta
daquela em que foi publicada, ou sem que as mesmas condições sejam impostas aos compradores
subsequentes.

arte é infância

Ívilis e a bolinha

O tempo passa, e tudo o que levamos dele é o que aprendemos. Às vezes as coisas permanecem paradas em um tempo suspenso, às vezes elas somem como se fossem vapor de água. Assim acontece com a música. Eu descobri esse dom de conseguir viajar no tempo e no espaço com ela. A primeira vez que percebi, foi quando meu avô me ensinou a tocar cavaquinho. Enquanto eu o ouvia, parecia me transportar para outro lugar. Ainda hoje, quando ouço esse som, sinto o cheiro dele.

Quando chegamos ao Circo, eu e a Mari, nas terras de Portinari, ouvi o quadro *Chorinho*. É isso mesmo: eu ouvi o quadro! Isso já aconteceu com vocês? Comigo acontece sempre. O cavaquinho estava lá no meio e era tudo tão balançado, parecia que cada instrumento fazia uma coisa diferente, mas tudo combinava no final. Foi uma das viagens mais legais que já fiz ouvindo música. Vocês querem saber como foi? Vou contar agora!

Estava ouvindo o grupo, quando, de repente, percebi que uma bolinha saiu desse instrumento azul. Vocês estão vendo? Era um som tão suave, cheio, meio escuro, quase hipnotizante... Sabem quando parece que uma cobra vai sair do cesto como naquelas histórias das *Mil e uma noites*? Era isso. Minha mãe lia muito esses contos para mim quando eu era pequeno.

Pois, então... Fui seguindo a bolinha azul e, chegando mais perto, me deu uma vontade irresistível de comê-la. Sei lá por quê! E então comi a bolinha! Ela entrou dentro de mim, andou pelo meu corpo e, enquanto andava, fazia cócegas! Aos poucos, eu ia sentindo meu corpo sumir.

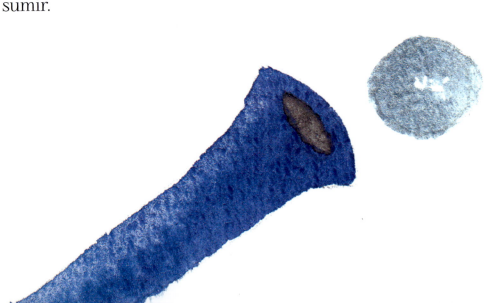

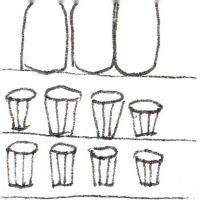

Quando voltei a sentir tudo em seu lugar de novo, estava em outro tempo. Percebi só de olhar a roupa dos homens. Parecia mais ou menos com os ternos que as pessoas usam para ir em casamentos, sabem? Fiquei com vergonha quando reparei que os homens estavam me vendo, já que minha roupa era dos tempos de hoje, né? Era capaz de acharem que eu estava de pijama ou de cueca na rua! Resolvi me esconder. Até porque eu estava dentro de um bar! Onde já se viu um menino de cueca dentro de um lugar desses...

Fiquei espiando os homens conversando e tocando. Todos os instrumentos soltavam bolinhas de várias cores e tamanhos diferentes. Tinha mais um monte! Não pareciam músicos profissionais, estavam tocando sem aqueles papéis que usam nas orquestras, cheios de notas musicais. Tocavam de olhos fechados, sorrindo, bebendo. Tinha gente que parecia pobre, gente que parecia rica e gente que parecia cansada de ter trabalhado o dia todo. Era noite. Percebi que um moço chegou na roda e todos o cumprimentaram. Ele ficava olhando admirado, impressionado, anotando umas coisas em um caderno. Cheguei mais perto de um senhor que estava ao meu lado, criei coragem e perguntei:

— Que ritmo é esse que estão tocando?

E ele respondeu sem tirar os olhos da roda:

— Isso é choro, garoto.

Choro? Pensei comigo mesmo. Que nome esquisito para um tipo de música. Parece triste logo de cara.

E insisti na conversa.

– E você sabe quem é aquele moço ali?

– E quem é que não sabe? Aquele é o maestro Villa-Lobos. Ele aparece todo dia. Gosta muito da música do povo. Hoje veio sem violão, mas quase sempre carrega o seu. Ele vem sempre essa hora, bem tarde. Não pega bem um moço com essa formação aqui.

Um maestro? Eu, que não sou bobo nem nada, resolvi conhecê-lo. Fui chegando mais perto e logo perguntei:

– Boa noite, senhor maestro! Tudo bem? Eu sou Ívilis, adoro música. Muito prazer!

– Olá, Ívilis! Sou Villa-Lobos – olhou pra me oferecer a mão em cumprimento e se espantou. – Mas você é uma criança! E é bem esquisito... Tão magrinho e com essas roupas estranhas...

Não gostei muito dos comentários, mas como estava interessado em saber mais sobre o choro, ignorei.

– Sou de outro tempo, mas, ouvindo um quadro do Portinari, engoli uma bolinha musical e viajei até aqui. Descobri que estamos ouvindo choro! Essa música me deixa muito feliz.

– Sim! Eles são geniais. A música brasileira genuína. Tem gente que acha que só a música de salão importa, mas eu acredito na expressão popular. Isso é vida!

– O que é música de salão? – perguntei.

– São as músicas que acontecem em uma linhagem europeia, orquestral, com instrumentos considerados nobres. Por exemplo, eu estudo violão escondido desde pequeno. Tem gente que acha que é um instrumento vulgar e que os chorões e os seresteiros são grandes vagabundos. Isso é puro preconceito. Ainda bem que tenho mais amigos que acreditam no que eu e você estamos vendo aqui. Vamos construir juntos a nossa arte!

Villa-Lobos me contou que o grupo de amigos dele era chamado de Modernista e que tinha feito uma grande festa no Theatro Municipal – A Semana de Arte Moderna – algum tempo atrás, em 1922. Disse que foram vaiados e muito criticados, mas que fazia parte da vida às vezes não ser amado. Naquele momento, ele estava trabalhando no conjunto de músicas que iria se chamar *Choros*, em homenagem ao Brasil e à música popular brasileira.

No meio da roda, havia um moço muito bom! Era um talentoso flautista, bastante jovem. As bolinhas que saíam de sua música eram pretas. Achei muito, muito bonito o som que fazia e a alegria com que tocava. Decidi chegar mais perto e, bem, vocês já sabem, né? Que gosto será que tem uma bolinha musical preta?

Engoli a bolinha e, de repente, estava dentro de um cinema!

Achei muito estranho... O que o cinema tem a ver com música?

Imediatamente, olhei para o telão e o filme era em preto e branco. Ao lado e abaixo da tela, víamos uma banda que tocava músicas acompanhando o filme. Sentei para ver um pouquinho e me diverti muito! A música que eles tocavam parecia ensinar todo mundo a olhar. Era mais ou menos assim: se tinha uma cena engraçada, a música ficava parecendo de circo. De repente, o assunto ficava triste, entravam uns instrumentos que tocavam lá no fundo da alma. E se a cena era de amor, a música parecia de casamento! Muito legal!

Fui reparar nos músicos e lá estava o mesmo moço da flauta. Só que mais jovem. Dessa vez, eu não quis comer outra bolinha. Fui conversar mesmo com ele.

– Olá! Qual é o seu nome?

– Sou Alfredo, mas todo mundo me chama de Pixinguinha!

– Que apelido legal! – achei divertido. – Você não é muito pequeno pra trabalhar aqui? Crianças não podem trabalhar...

– Eu não sou criança, não. Já tenho 15 anos. Além disso, o flautista da orquestra ficou doente e eu fui chamado pra substituí-lo. E você? Não é muito criança pra estar no cinema, não? – ele disse, soltando uma gargalhada.

Rimos os dois. E depois fomos comer pipoca na saída da sala. Ele me contou coisas muito legais sobre os filmes que acompanhava e eu adorei saber mais sobre o tempo em que o cinema não tinha som.

Quando pisquei os olhos, estava de novo na roda de choro. Villa-Lobos já tinha ido embora, mas o Pixinguinha mais velho estava lá, solando e encantando a todos.

Decidi me apresentar. Pixinguinha achou que me conhecia. Mas ele não sabia que eu viajei para o tempo de quando ele tinha 15 anos... E eu fiquei bem quietinho. Quando já estava bem tarde, ele me convidou para ir comer e dormir na casa dele. Aceitei, porque já estava cansado.

Chegando lá, tinha um monte de gente, todo mundo tocava. Dormi bem contente em meio a tantas bolinhas coloridas.

    Quando acordamos, fomos passear no bairro onde ele morava. No caminho, ouvimos um som vermelho. Digo isso porque vocês já sabem, né? A bolinha era vermelha! O som era bailarino, dançava nos nossos corpos. Ficava bem fininho, alto, baixo. Desmanchava distante, depois juntava rapidinho. Pixinguinha não via as bolinhas. E eu nem conseguia mais me concentrar no que ele estava contando. O som vinha de uma casa, um quintal aberto.

    Olhamos juntos e vimos um menino tocando bandolim. Decidi que iria comer essa bolinha também. E quando ela chegou mais perto, *nhac*!

Dessa vez foi muito estranho, porque, em vez de voltar no passado, como estava acontecendo, eu viajei para o futuro. O menino que estava tocando bandolim agora era um jovem e vinha na minha direção. Eu ainda estava no Rio de Janeiro. Olhei para cima e vi uma placa escrito *Rádio*. Estranho, né? Imaginem só como era para as pessoas viver sem internet, sem televisão? O rádio e o cinema eram alguns dos únicos meios que existiam.

O jovem com seu bandolim vinha em minha direção. Fiquei olhando com um sorriso, na intenção de demonstrar que eu queria me apresentar. Deu certo. Ele me olhou e falou:

— Você acha que eu estou bem, garoto?

Respondi que sim e aproveitei para perguntar o seu nome.

— Eu me chamo Jacob, Jacob do Bandolim. Hoje é o dia mais importante da minha vida! Vou me apresentar na rádio com meu grupo.

— Que legal! Eu me chamo Ívilis. Adoro o som do seu instrumento. Como é que se apresenta em uma rádio? Será que eu poderia ir com você?

Ele disse que sim!

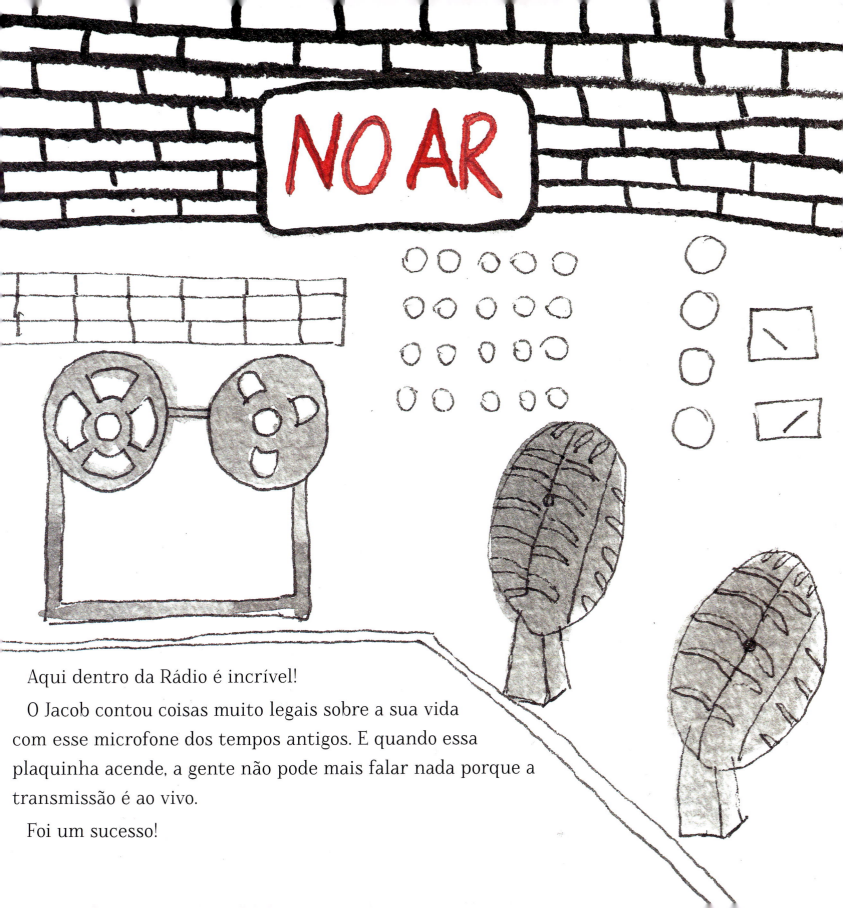

Aqui dentro da Rádio é incrível!

O Jacob contou coisas muito legais sobre a sua vida com esse microfone dos tempos antigos. E quando essa plaquinha acende, a gente não pode mais falar nada porque a transmissão é ao vivo.

Foi um sucesso!

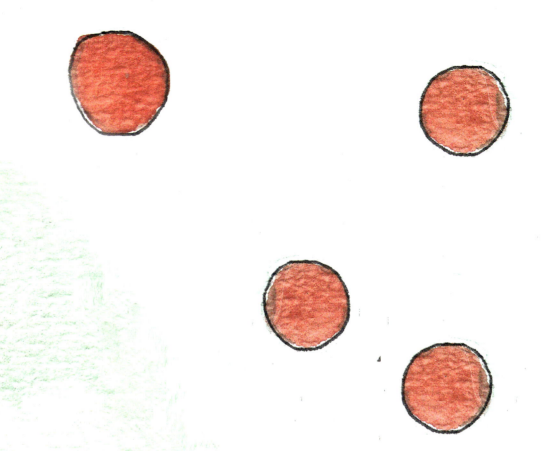

   Antes que eu percebesse, estava lá de volta ao passeio com o Pixinguinha. Ele estava ouvindo com atenção o som que Jacob estudava em seu quintal. Jacob não nos viu. Sua mãe gritou seu nome, chamando-o para ajudar em casa. Era uma casa com uns desenhos e costumes diferentes. Reparamos que a mãe dele tinha um sotaque estranho também, acho que não era do nosso país.

   – Esse menino tem futuro! – disse Pixinguinha enquanto seguia adiante.

   Respondi com um sorrisinho e uma certeza que ninguém mais poderia ter:

   – E como!

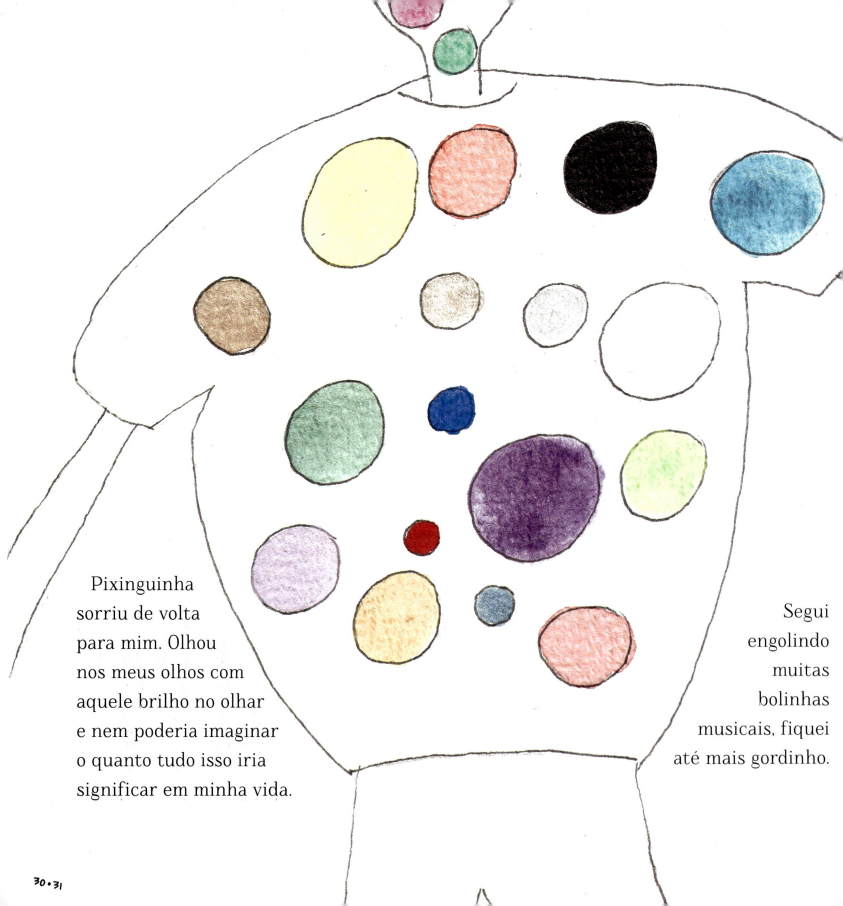

Pixinguinha sorriu de volta para mim. Olhou nos meus olhos com aquele brilho no olhar e nem poderia imaginar o quanto tudo isso iria significar em minha vida.

Segui engolindo muitas bolinhas musicais, fiquei até mais gordinho.

Vivian Caroline Fernandes Lopes nasceu em 1982, em São Paulo. É educadora social e atua principalmente em projetos com crianças e adolescentes na área de incentivo à leitura e à escrita. Doutora em Literatura Brasileira, estuda a relação entre palavra e imagem, poesia e pintura, literatura e artes. Foi vencedora do Prêmio Jabuti de 2015 na categoria Didático e Paradidático com a *Coleção Arte é Infância*.